AF463493

ÉPITAPHES

DE LOUIS XVI,

DE LA REINE MARIE-ANTOINETTE,

DE LOUIS XVII,

DE MADAME ÉLISABETH DE FRANCE,

DE MONSEIGNEUR LE DUC D'ENGHEIN,

Et des Prêtres Victimes de la tyrannie révolutionnaire.

A METZ,

Chez PIERRET, Imprimeur, rue des Trinitaires, n. 10.

ÉPITAPHE

DE LOUIS XVI, ROI DE FRANCE.

C'est ici que reposent les cendres d'un des plus vertueux et des plus infortunés Monarques.

La France jouissoit du bonheur d'être gouvernée par un aussi bon Souverain ; et les nations étrangères jalousoient sa félicité, lorsque des monstres nés pour le malheur des humains voulurent régner sur nous. Ces barbares, après avoir épuisé sur cette illustre Victime, tout ce que la cruauté a de plus atroce, résolurent de l'immoler à leur rage.

Le jour fatal arrive, les régicides prononcent l'arrêt de mort, et la consternation se répand parmi les sujets fidèles. Louis seul calme et tranquille console ceux qui ont le bonheur de l'approcher ; et il ne se montre sensible qu'à la vue des maux affreux que sa mort attirera sur la France.

La coupe des peines n'est point encore épuisée; un nouveau combat se présente, il va se séparer d'une Epouse chérie, d'Enfans objets de sa tendre sollicitude, et d'une Sœur qui faisoit sa consolation. Il s'arrache de leurs bras pour aller à la mort. La nature en frémit; mais l'Eternel lui envoie dans cette cruelle agonie un Ange consolateur qui, pour le soutenir, lui adresse ces paroles sublimes : *Fils de Saint Louis, montez au Ciel.* Alors l'auguste Prince revêtu d'une force toute céleste, ne desire plus que d'accomplir son sacrifice pour se réunir à son Dieu. Et il meurt comme lui en pardonnant à ses bourreaux.

ÉPITAPHE

DE MARIE-ANTOINETTE D'AUTRICHE, REINE DE FRANCE.

C'est ici que reposent les précieux restes de l'auguste et malheureuse Marie-Antoinette.

Lorsque la Fille des Césars arriva en France, la route qui la conduisoit à l'hymen fut parsemée de fleurs. Et son illustre Epoux s'énorgueillit de posséder une Princesse aussi accomplie.

Ce couple dont la vertu resserroit les nœuds, couloit des jours sereins, s'occupant du bonheur du peuple, quand un démon, jaloux depuis longtems de la prospérité des Français, sema le trouble et la discorde dans le royaume, et parvint à faire révolter les sujets contre leurs Souverains légitimes. Alors, il n'y eut plus de frein et la postérité épouvantée aura peine à croire qu'on ait oséporter des mains parricides sur ces têtes sacrées, et répandre un sang dont l'origine se perd dans la nuit des siècles.

Cette Reine infortunée, se montrant aussi grande dans l'adversité que sur le Trône, vit venir la mort avec une piété chrétienne, et alla rejoindre dans les demeures éternelles, son vertueux Epoux.

ÉPITAPHE

DE SA MAJESTÉ

LOUIS XVII.

C'est ici que reposent les cendres du malheureux Fils du vertueux Louis seize : ni sa jeunesse, ni ses vertus naissantes, ni ses grâces n'ont pu fléchir ses cruels bourreaux, qui n'étant pas assez rassasiés du sang de son illustre Père, se sont encore abreuvés de celui de son auguste Fils.

Si quelque chose peut adoucir la douleur de sa perte, c'est qu'il est allé dans le Ciel jouir d'une couronne immortelle, au lieu d'une périssable qu'il devoit posséder sur la terre.

O Français! pouvez-vous sans mourir de honte et de crainte, voir le tombeau de cette jeune Victime immolée par ses propres sujets? Est-il des forfaits plus grands et plus inouis? Et le Ciel peut-il ne pas en tirer vengeance?

Mais rassurez-vous! Cette Victime innocente vous a pardonné : et du haut de la Montagne sainte, où elle réside, comme un nouveau Moïse, elle demande grâce pour vous à l'Eternel.

ÉPITAPHE

DE SON ALTESSE ROYALE

MADAME ÉLISABETH.

TROUPE sacrée des Vierges, descendez du Ciel ! Venez avec des palmes à la main entourer le tombeau de l'illustre ELISABETH, pour chanter des hymnes en son honneur !

Modèle de l'amour fraternel, elle se dévoua pour son auguste Famille, et par ses héroïques vertus elle sut adoucir les peines cruelles dont ses illustres et infortunés Parents étoient accablés.

Cette magnanime Princesse joignit toujours à une piété tendre et sincère, un courage plus qu'humain. La mort n'eut rien d'effrayant pour cette Héroïne ; elle reçut avec une sainte résignation le coup fatal qui trancha le fil de ses jours, et son ame dégagée des liens qui la retenoient sur la terre, s'éleva à l'instant dans les Cieux, pour aller aux pieds du Trône de l'Eternel, implorer sa miséricorde en faveur de ses bourreaux.

ÉPITAPHE

DE SON ALTESSE SÉRÉNISSIME

M.gr LE DUC D'ENGHEIN.

Vous, braves Guerriers, qui êtes toujours restés fidèles à votre Roi, venez déposer des couronnes de lauriers sur la tombe du jeune Héros qui repose ici !

Le tyran de la France, le fit arracher des bras d'une Épouse, pour le conduire à la mort; et le monstre voulut être lui-même témoin de son supplice.

Ce généreux Prince fut l'admiration des Souverains qui lui donnèrent un asile, et ses ennemis forcés de respecter ses vertus, ne purent se défendre de verser des pleurs sur son sort.

S'il n'eût été moissonné au printems de ses jours, sa gloire auroit égalé celle de ses ancêtres; et on n'auroit pas la douleur de voir s'éteindre le nom des Condé, si cher à la France.

ÉPITAPHE

DES PRÊTRES

Martyrs du deux Septembre.

ANGES du Ciel, quittez pour un moment le séjour de la gloire, et descendez sur la terre, qui a été arrosée du sang de ces illustres Confesseurs de la Foi !

Que vos cantiques honorent ce lieu saint.

Que ceux qui ne se sont jamais souillés avec l'infâme Babylone viennent mêler leurs accents aux vôtres.

Pour vous, hommes impies, qui n'avez pas craint de porter des mains sacrilèges sur ces Pontifes et ces Prêtres vénérables, retirez-vous.... Mais non, approchez avec confiance; ces Ministres du Très-Haut qui avoient le pouvoir de reconcilier le criminel avec le Dieu de miséricorde, sont maintenant aux pieds du Trône de l'Eternel pour obtenir votre pardon.

ÉPITAPHE

DES PRÊTRES

Martyrs de Rochefort.

JÉRUSALEM, Jérusalem, quittez vos superbes vêtemens, prenez des habits de deuil, et venez verser des larmes de sang sur les tombeaux des généreux Défenseurs de la Foi qui reposent ici!

Vous les avez livrés entre les mains des hommes d'iniquité qui ont épuisé sur eux tout ce que la rage a de plus cruel.

Le Ciel ne laisseroit pas ces crimes impunis, si ces Martyrs continuellement prosternés aux pieds du Tout-Puissant, n'arrêtoient sa foudre prête à écraser les coupables.

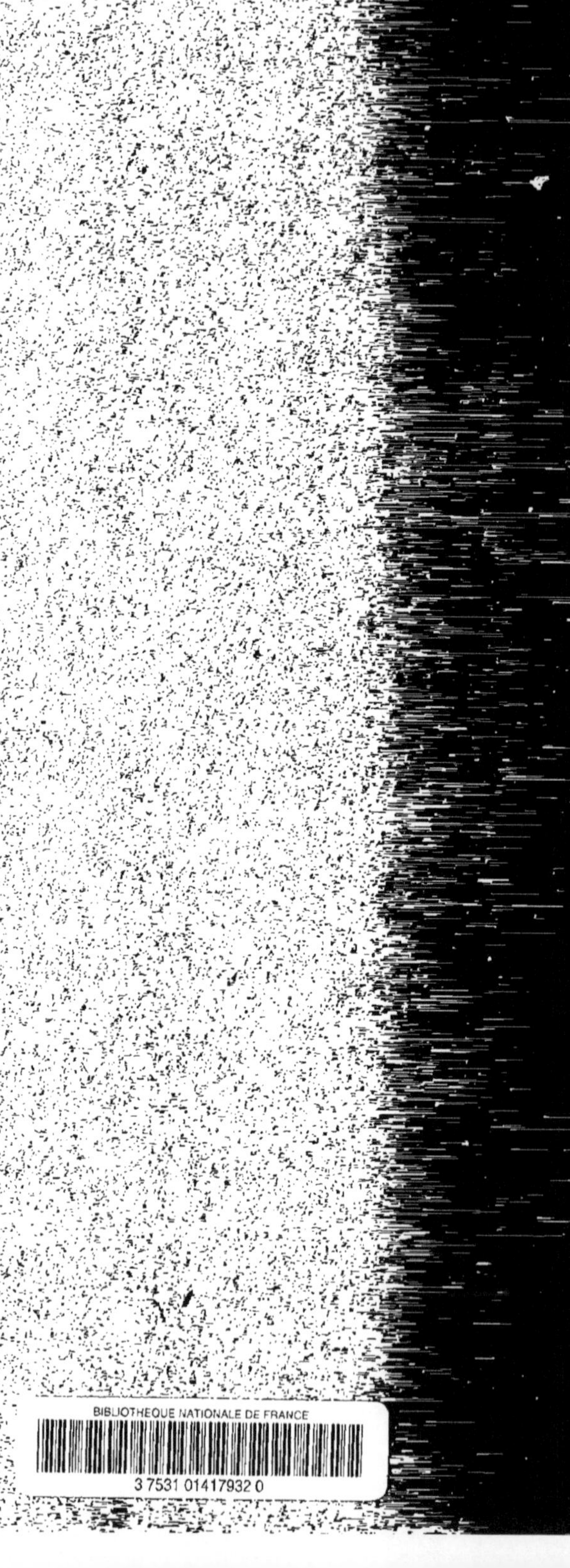

www.ingramcontent.com/pod-product-compliance
Ingram Content Group UK Ltd.
Pitfield, Milton Keynes, MK11 3LW, UK
UKHW021040200726
13857UKWH00005B/1831